1쪽

4쪽

10쪽

19쪽

강아지와 고양이

강아지와 고양이가 놀고 있어요. 강아지와 고양이의 모습을 잘 보고,
강아지끼리, 고양이끼리 모여 있도록 스티커를 붙여 보세요.

1

달콤한 과일 꼬치

내가 좋아하는 여러 가지 과일을 줄줄이 꽂아서 달콤한 과일 꼬치를
만들어요. 과일의 빈 곳을 알록달록 예쁘게 색칠해 보세요.

참 잘했어요

민감성

삐오삐오 소방차

우리 마을에 불이 나서 소방차가 출동했어요. 소방관 아저씨가
빨리 불을 끌 수 있도록 사다리의 선을 따라 그려 보세요.

융통성

나뭇잎 우산

주룩주룩 비가 오는데 동물 친구들에게 우산이 없어요. 친구들이
비를 피할 수 있도록 커다란 나뭇잎 우산을 붙여 보세요.

4

독창성

따끔따끔 선인장

선인장에 있는 뾰족한 가시를 만지면 따끔따끔해요. 선인장에
뾰족한 가시를 많이 그려서 멋진 선인장을 만들어 보세요.

옆으로 걷는 게

아기 게들이 옆으로 옆으로 걸음마 연습을 하고 있어요.
게가 걸어가는 길을 따라서 예쁘게 선을 그려 보세요.

민감성

내가 좋아하는 노랑

지혜가 노란 우산을 쓰고 바깥에 나왔어요. 또 노란색인 것은 어떤 것들이 있는지 잘 보고, 빈 곳을 노란색으로 예쁘게 칠해 보세요.

유창성

요술 빗자루

마법사들이 요술 빗자루를 타고 하늘을 날고 있어요. 요술 빗자루는
어떤 모습일지 상상해 보고, 빗자루의 솔을 마음대로 그려 보세요.

참 잘했어요

신 나는 바다낚시

동물 친구들이 바다에서 낚시를 하고 있어요. 친구들이 물고기를
많이 잡을 수 있도록 낚싯줄을 따라 선을 그려 보세요.

민감성

독창성

대롱대롱 모빌

귀여운 아기가 모빌을 보며 활짝 웃고 있어요. 비어 있는 모빌에
대롱대롱 장식 스티커를 붙여서 예쁘게 꾸며 보세요.

정교성

즐거운 놀이동산

동물 친구들이 놀이동산으로 놀러 왔어요. 빙글빙글 돌아가는
대관람차의 선을 잘 보고, 예쁘게 따라 그려 보세요.

정교성

융통성

부엌 물건 해수욕장

요정들의 신기한 해수욕장에는 부엌에서 쓰는 물건들이 많아요.
어떤 물건들이 있는지 잘 보고, 예쁘게 색칠해 보세요.

강아지와 나들이

친구들이 강아지와 함께 공원으로 나들이를 나왔어요. 여기저기
뛰어다니는 강아지를 놓치지 않도록 선을 따라 그려 보세요.

민감성

정교성

끼룩끼룩 갈매기

끼룩끼룩 갈매기들이 바다 위를 훨훨 날고 있어요. 갈매기들의
날개를 잘 보고, 예쁘게 선을 따라 그려 보세요.

아빠를 위한 도시락

아빠께 드릴 도시락을 엄마와 함께 정성껏 싸고 있어요. 주먹밥을
예쁘게 꾸며서 세상에서 가장 맛있는 주먹밥을 만들어 보세요.

참 잘했어요

독창성

동그란 달팽이 집

달팽이들이 예쁘게 꾸미고 풀밭으로 놀러 나왔어요. 한껏 멋을 낸
달팽이들의 모습을 상상해 보고, 달팽이 집을 멋지게 꾸며 보세요.

상상력

사과가 주렁주렁

커다란 사과나무에 먹음직스러운 사과가 주렁주렁 많이 열렸어요.
나무에 열린 동그란 사과를 잘 보고, 예쁘게 선을 따라 그려 보세요.

정교성

옹기종기 농장

농장에는 여러 동물들이 옹기종기 모여 살아요. 농장에서 볼 수 있는
동물을 생각해 보고, 어울리는 곳에 동물 스티커를 붙여 보세요.

포근포근 장갑

겨울이 되면 두 손에 끼는 포근한 장갑이에요. 장갑의 색깔을 잘
보고, 서로 짝이 되도록 빈 곳을 알맞은 색으로 칠해 보세요.

독창성

새근새근, 쿨쿨!

밤이 되면 곰돌이와 함께 새근새근 잠을 자러 가요. 잠잘 때
내가 입고 싶은 잠옷과 모자를 생각해서 빈 곳을 꾸며 보세요.

폴짝폴짝 줄넘기

동물 친구들이 모여서 폴짝폴짝 줄넘기를 하고 있어요. 동물들의
크기를 잘 보고, 키에 맞게 줄넘기 줄을 따라 그려 보세요.

멋진 머리 모양

친구들이 저마다 예쁜 머리 모양을 뽐내고 있어요. 어떤 모습일지
생각해 보고, 여러 가지 머리 모양을 자유롭게 그려 보세요.

참 잘했어요

맛있는 과일과 채소

과일과 채소를 맛있게 먹으면 몸이 튼튼해져요. 위에 있는 바나나,
딸기, 오이의 색깔을 잘 보고, 아래의 빈 곳에 똑같이 색칠해 보세요.

아슬아슬 서커스

원숭이가 커다란 공 위에서 아슬아슬 재주를 부리고 있어요.
커다란 공에 있는 선을 예쁘게 따라 그려 보세요.

정교성

25

융통성

동글동글 동그라미

동그라미가 여러 가지 모습으로 변하고 있어요. 무엇으로
변하는지 잘 보고, 선을 따라 그린 뒤 예쁘게 색칠해 보세요.

독창성

촛불에 바람을 훅!

바람을 '훅!' 하고 불어서 촛불을 꺼요. 촛불을 끄면 피어오르는
연기의 모습을 생각해 보고, 여러 가지 모양으로 그려 보세요.

넓고 푸른 들판

알록달록 예쁜 꽃과 푸른 나무가 있는 들판에 왔어요. 꽃과 나무의
빈 곳을 내가 칠하고 싶은 색깔로 자유롭게 칠해 보세요.

출렁출렁 바다

넓은 바다에서 파도가 출렁이고 있어요. 바다의 모습을 잘 보고,
출렁거리는 파도의 모습을 따라 구불구불 선을 그려 보세요.

민감성

민감성

살금살금 곤충 잡기

친구들이 풀밭에서 살금살금 곤충을 잡고 있어요. 곤충들이
도망가지 못하도록 잠자리채의 그물주머니를 따라 그려 보세요.

정교성

멋쟁이 코끼리

코끼리가 다른 동물들처럼 멋진 무늬를 갖고 싶대요. 코끼리에게
어떤 무늬가 어울릴지 상상해 보고, 멋진 무늬를 그려 보세요.

참 잘했어요

32

데굴데굴 바퀴

자전거와 오토바이를 타고 도로 위를 씽씽 달리고 있어요.
좀 더 빨리 갈 수 있도록 동그란 바퀴를 따라 그려 보세요.

유창성

정교성

길쭉한 롤 케이크

제과점에는 내가 좋아하는 달콤한 빵과 케이크가 가득해요.
롤 케이크에 있는 장식을 잘 보고, 예쁘게 따라 그려 보세요.

신기한 장난감 나라

장난감 나라에는 재미난 장난감이 참 많아요. 어떤 장난감이
있을지 상상해 보고, 갖고 싶은 것들을 가방에 붙여 보세요.

참 잘했어요

고양이 미용실

우리 집 고양이를 예쁘게 꾸미려고 미용실에 왔어요. 고양이 몸에
여러 가지 무늬를 그리고 예쁘게 색칠해서 멋지게 꾸며 보세요.

참 잘했어요

꼬마 마녀의 우산

꼬마 마녀들이 마법 우산을 타고 하늘을 둥실둥실 날아다녀요.
마법 우산에 있는 뾰족뾰족한 선을 따라 그려 보세요.

민감성

무지개 미끄럼틀

천사들이 하늘 놀이터에서 무지개로 미끄럼을 타고 있어요.
천사들이 타고 있는 무지개 미끄럼틀을 따라 그려 보세요.

융통성

민감성

알록달록 물감

다양한 색깔의 물감이 위아래로 똑같이 놓여 있어요. 위쪽에 있는
물감의 색깔을 잘 보고, 아래쪽 빈 곳에 똑같은 색깔을 칠해 보세요.

정교성

폴짝폴짝 운동화

엄마가 사 주신 새 운동화를 신고 폴짝폴짝 뛰어놀고 싶어요.
운동화에 꿰어 놓은 끈을 잘 보고, 예쁘게 따라 그려 보세요.

참 잘했어요

달걀 인형 만들기

크레파스 친구들이 달걀을 예쁘게 칠하고 있어요. 내가 만들고
싶은 달걀 인형의 모습을 생각해 보고, 멋지게 꾸며 보세요.

방울방울 비눗방울

입으로 불어서 하늘에 동동 비눗방울을 띄워요. 친구들이 만든
비눗방울은 어떤 모습일지 생각해 보고, 자유롭게 그려 보세요.

뱅글뱅글 막대 사탕

커다랗고 동그란 막대 사탕을 꼭 쥐고 맛있게 먹어요. 사탕에 있는
뱅글뱅글 점선을 따라 그리고, 내가 좋아하는 색깔로 칠해 보세요.

메리 크리스마스!

다 함께 크리스마스 파티 준비를 해요. 빈 곳을 예쁘게 색칠하고,
양말과 트리 장식 스티커를 알맞은 곳에 붙여서 꾸며 보세요.

올록볼록 양과 구름

복슬복슬한 양털과 뭉게뭉게 구름은 서로 닮았어요. 올록볼록하게
생긴 양과 구름의 모습을 잘 보고, 예쁘게 따라 그려 보세요.

융통성

우리 마을 분수

우리 마을의 커다란 분수에서는 어떤 모습으로 물이 나올까요?
분수의 모습을 생각해 보고, 여러 가지 모양으로 그려 보세요.

독창성

상상력

하늘을 훨훨!

친구들이 멋진 날개를 달고 하늘 위를 훨훨 날고 있어요.
다양한 날개의 모습을 상상해서 예쁘게 그려 보세요.

참 잘했어요